U0010920

這一天，
也許會不一樣

ESTÁ MAL, PERO SE PUEDE EMPEORAR

RENÉ MERINO

雷內‧梅里諾 圖‧文　葉淑吟 譯

富含寓意的黑色幽默小宇宙

單口喜劇中有一種笑話形式叫做one-liner，就是用一兩句話説完一個笑話，喜劇演員必須用很短的篇幅製造反轉和出人意料的笑點，還要夠真實，才能夠讓觀眾有所共鳴，這是最簡單也最困難的一種形式。

雷內‧梅里諾的創作就讓我想到這種形式，他用黑白筆觸勾勒畫面，加上短短的文字，一個富含寓意的黑色幽默小宇宙就出現了。他的作品有異想天開也有現世諷刺，這一篇引發我的思考，下一篇讓我笑出來，再下一篇……咦？怎麼有點無奈心酸？不禁讓我好奇他腦袋裡面都裝些什麼？

本書值得你看一看、想一想，再重新看一看。來跟雷內‧梅里諾腦力激盪再心靈共振一番吧！

＿酸酸 吳映軒（喜劇演員、主持人）

更勇敢面對生活中的挑戰

這一天也許會變得不一樣！ 這句話聽起來似乎充滿了無盡的希望，但又充滿了不確定性。

當我們面對生活中的挑戰時，我們經常問自己：「明天會變得怎麼樣？」

然而，我們無法預測未來的發展，只能盡力做好我們能夠控制的事情，並為明天創造一個更好的可能性。

《這一天，也許會不一樣》這本書，帶給我很多啟發，有時再回頭看一次又有不同的領悟！推薦給大家。

讓我們一起為明天的美好而努力吧！

願每個人都能抓住眼前的機會，勇敢面對生命的挑戰，為自己的未來打下堅實的基礎。

＿圖文作家 Lu's

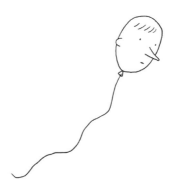

TODAS （所有）

LAS （的）

HISTORIAS （故事）

ESTÁN （都在）

AQUÍ （這裡）

迷你短篇故事 #1

大海已經乾涸好幾年，燈塔依然在每天夜裡亮起。
它說：「永遠不知道會發生什麼事。」

全劇終

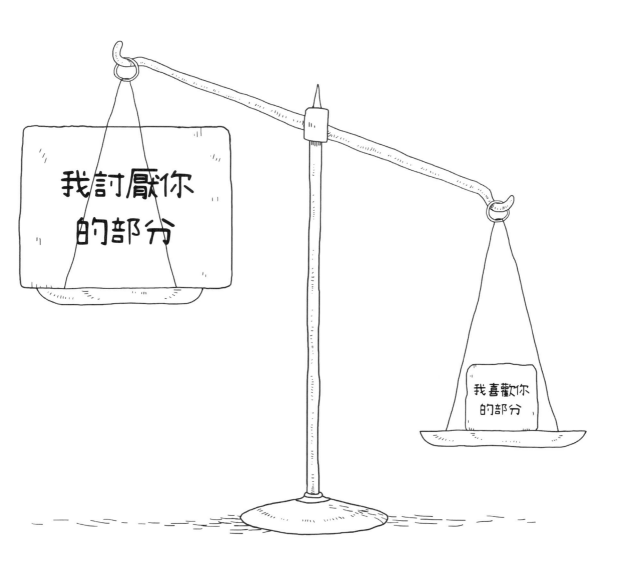

吐露創傷

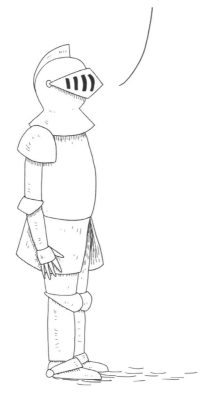

我害怕
受傷害。

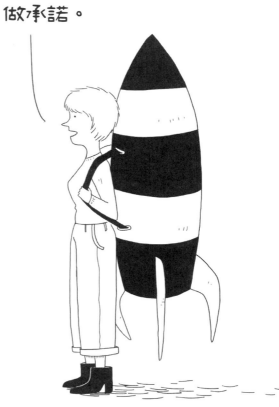

我逃避
做承諾。

我的漫長人生道路，在撞上她之後硬生生終止。

（我在前進時，頻頻回頭看）

全劇終

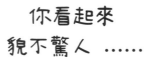

你看起來
貌不驚人 ……

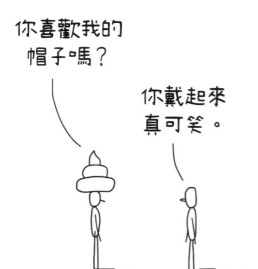

大家都以為垂柳是傷心掉淚，
實際是喜極而泣。

全劇終

相擁而眠

心中期望

殘酷現實

迷你短篇故事 #4

他們註定無法分離，只能設法好好相處。

全劇終

蘇格拉底的擦出火花約會

迷你短篇故事 #5

永不妥協

全劇終

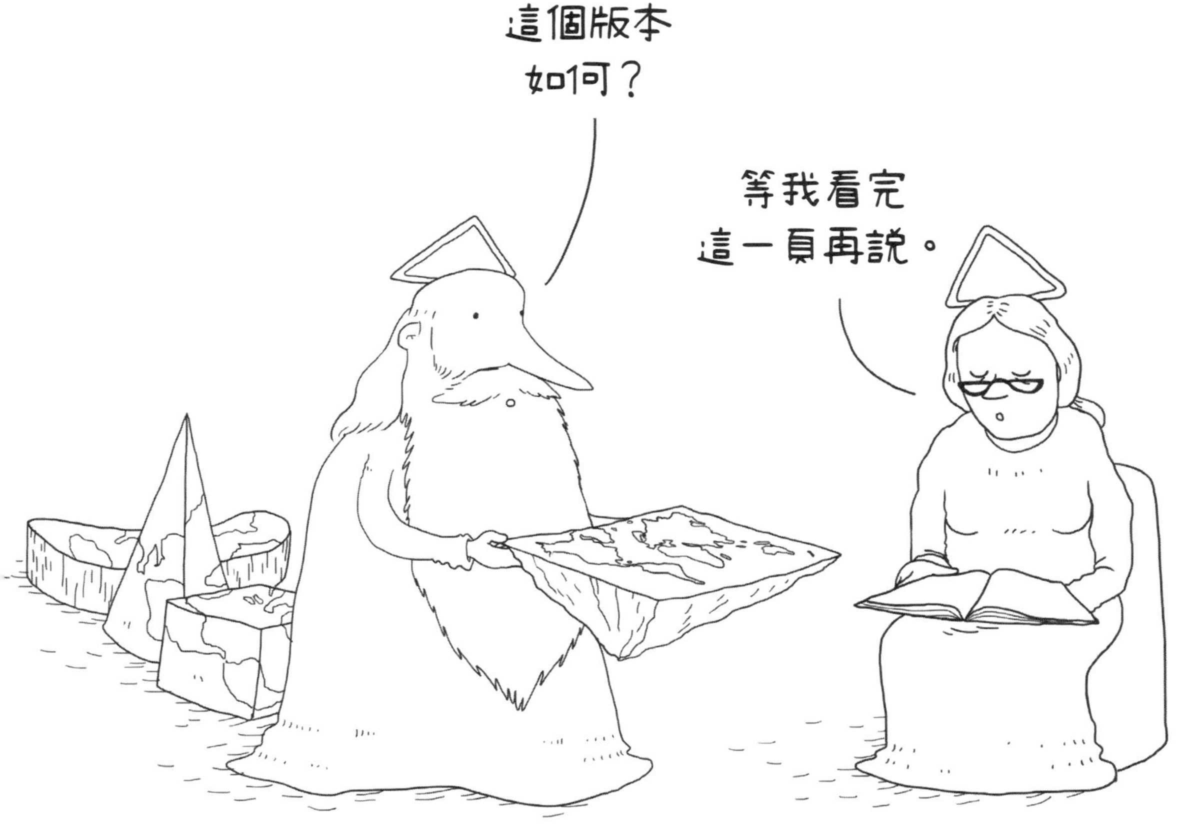
這個版本
如何？
等我看完
這一頁再說。

凌晨十二點半 沙發

凌晨十二點半又五分　床上

迷你短篇故事 #6

熊翻過身，不做掙扎，繼續沉睡。
寒冬儘管凜冽，總有離去的一天。

全劇終

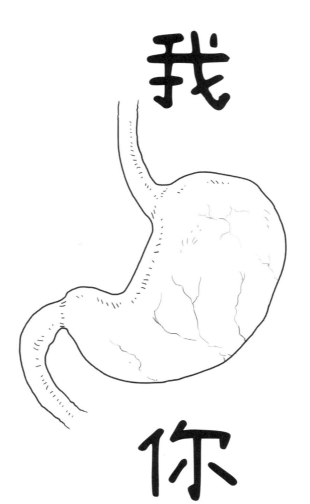

愛情故事 #1

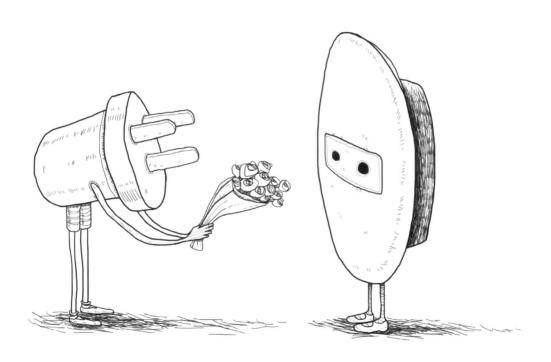

那是拒絕
的意思嗎?

出門在外洗澡

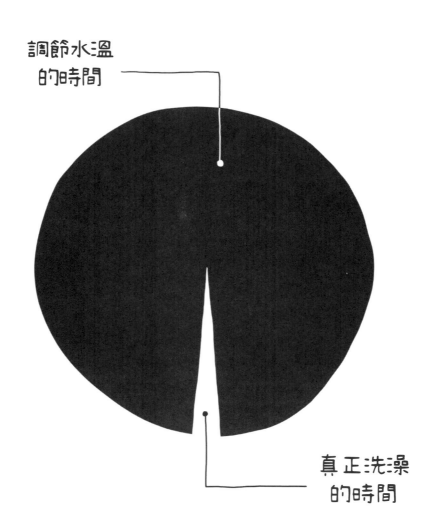

調節水溫
的時間

真正洗澡
的時間

迷你短篇故事 #7

他聽說門是上鎖的，所以從沒想要打開。

全劇終

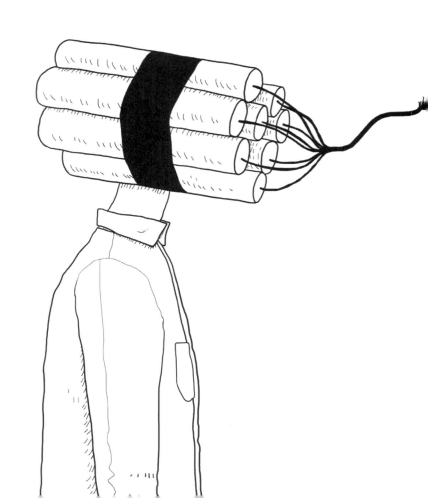

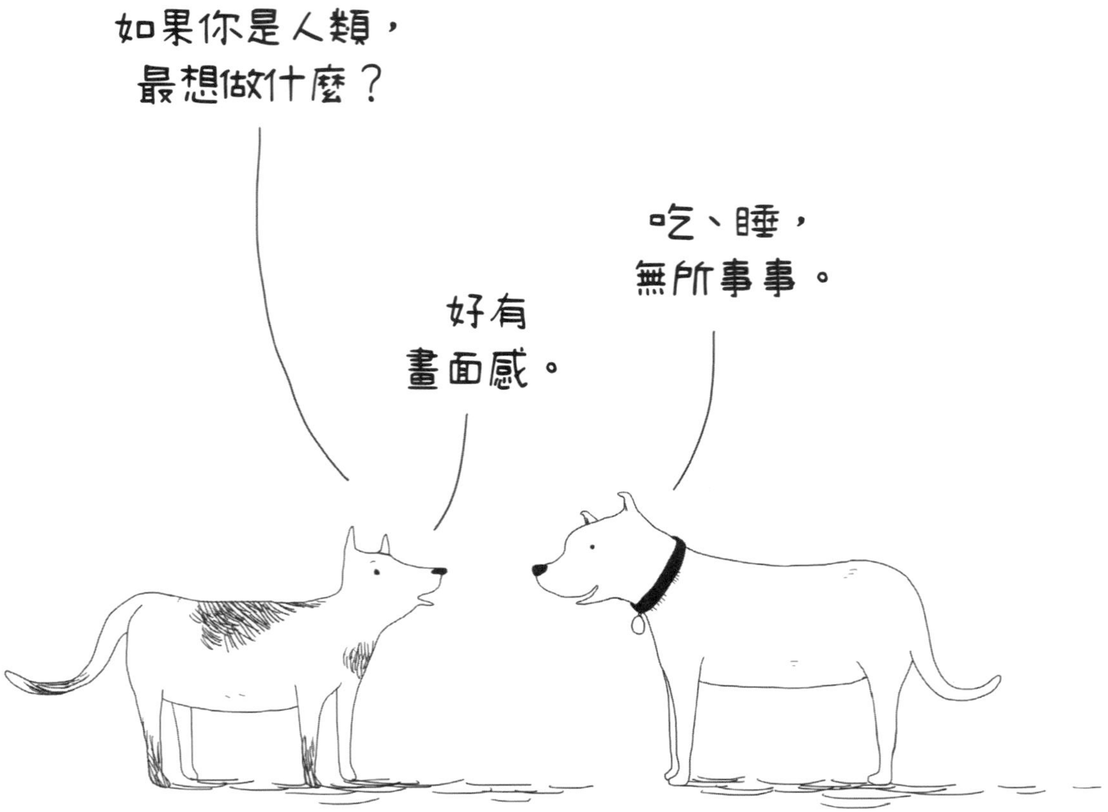
如果你是人類，
最想做什麼？
好有
畫面感。
吃、睡，
無所事事。

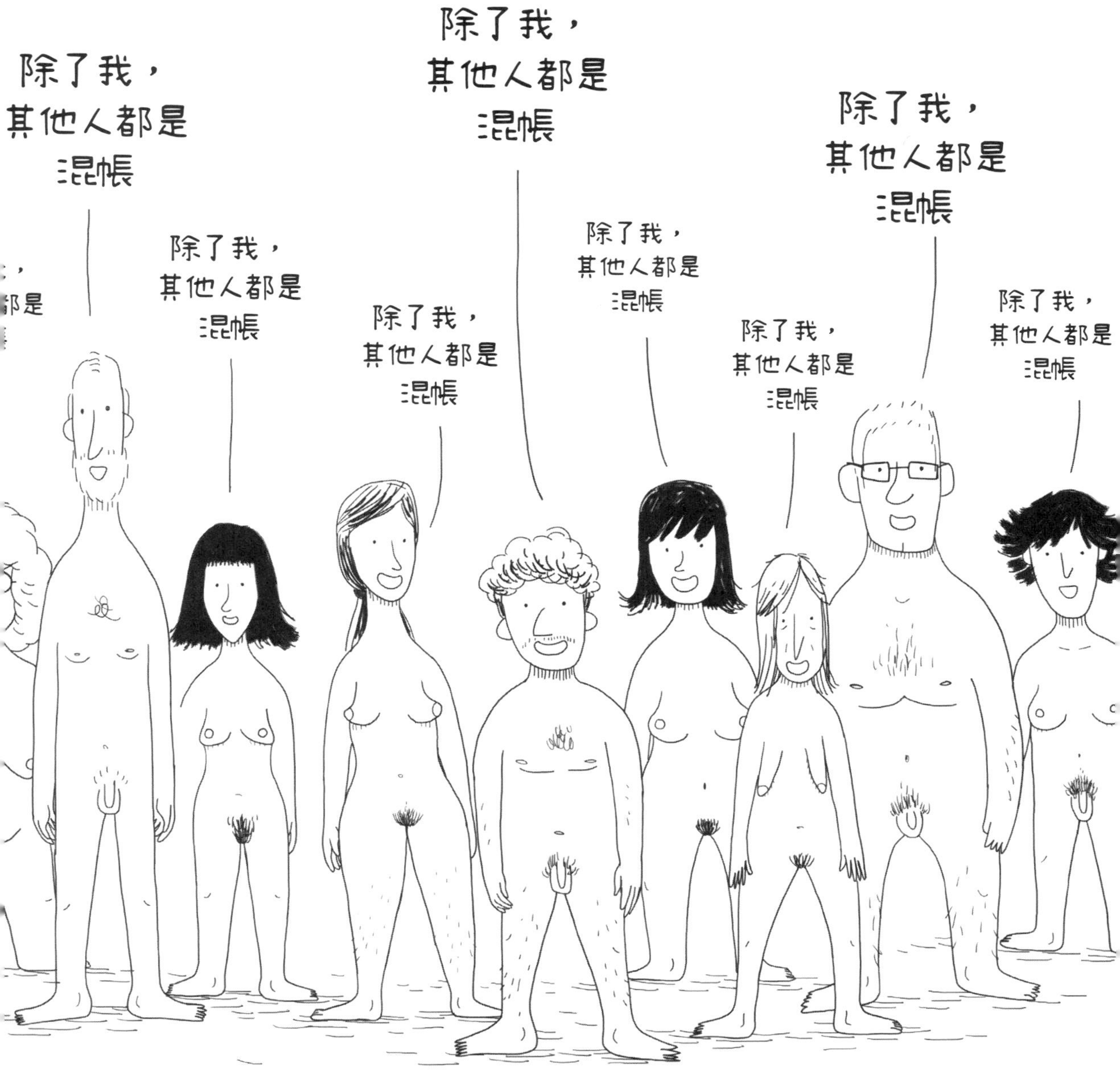

迷你短篇故事 #9

他說：「請進，別太拘謹。」
從此她留下來住在他的腦袋瓜裡。

全劇終

迷你短篇故事 #10

最後，在銀河最遙遠一角，
他不得不接受自己是混帳的事實。

全劇終

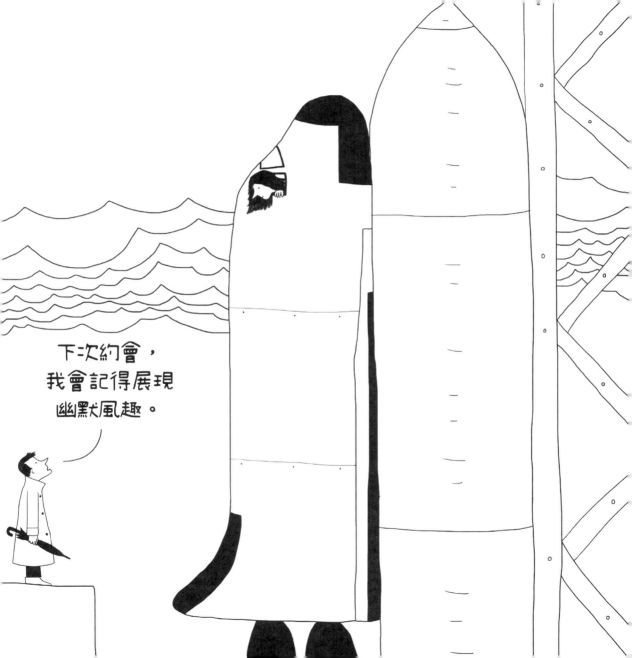

態度

幹話感應力 *

* 編註：西班牙原文的標題是作者自創的組合字，作者特別註解這個組合字的意思是「用內心傳達幹話的一種感應能力。」

同理心族群

迷你短篇故事 #11

只有在漆黑中，才能看見內心的光。

全劇終

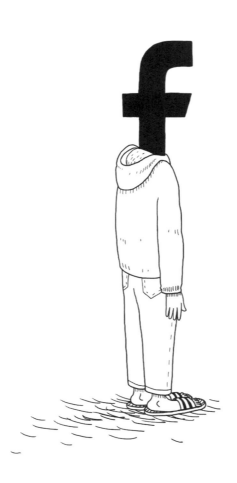

一段時間過後……

千真萬確

迷你短篇故事 #12

大家都以為鴕鳥躲起來，
事實上，牠有個祕密。

全劇終

高敏感族群

看電影會哭

真是了不得的故事。

《玩命關頭3：東京甩尾》

替個人物品取名

好啦，帕奇塔，沒事的。

老天，那只是個火星塞。

吹毛求疵

你那邊有根睫毛。

你真的無可救藥。

永不忘記

妳答應要帶我去樂高樂園

兒子，你已經四十三歲了。

妳保證過的！

粗神經族群

看電影不會哭

這是喜劇嗎？
我看不懂。

《辛德勒
的名單》

給孩子取名，是迫不得已

那個綠衣服
小孩真可愛！

他叫吉耶。

聽不懂批評

你這個無感
的人渣。

謝謝。

不懂欣賞內涵

我替妳
做了個巧克力
艾菲爾鐵塔。

歪掉了。

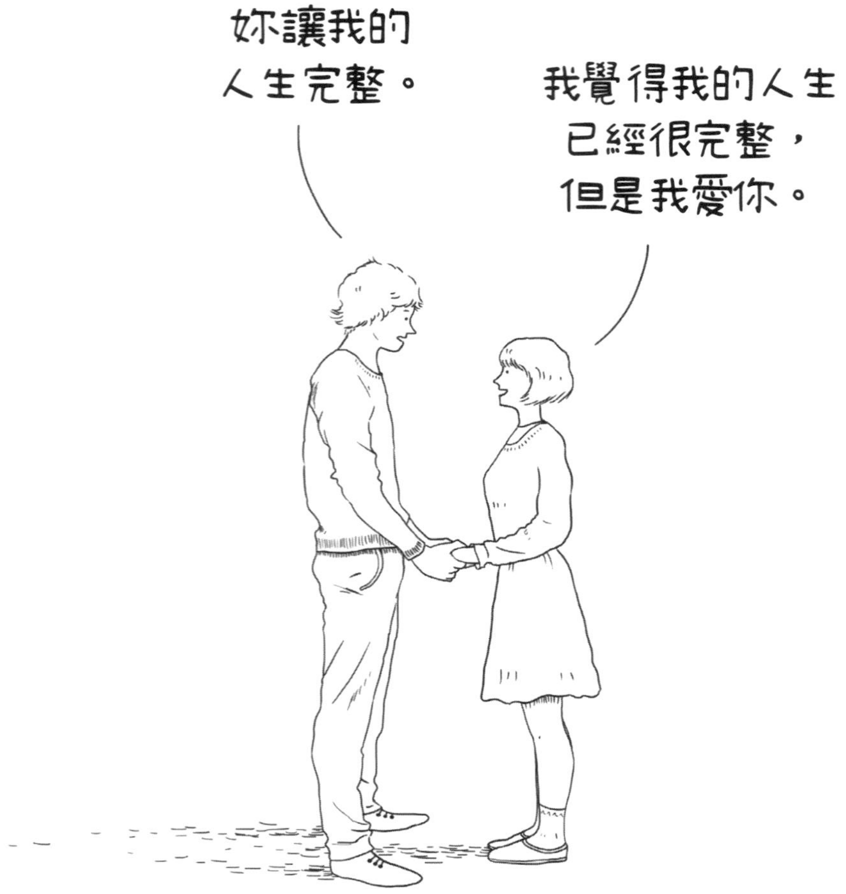
妳讓我的
人生完整。
我覺得我的人生
已經很完整，
但是我愛你。

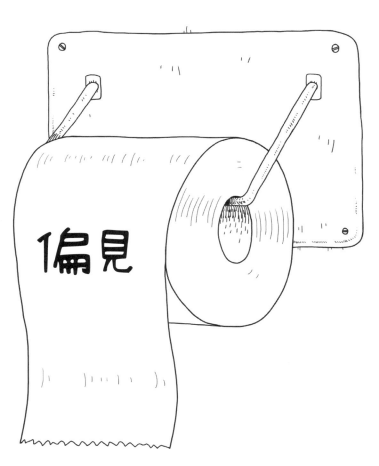

最殘暴的龍住在他的盔甲中。

全劇終

如何燙衣指南：

① 攤開衣服，燙平正面的皺褶

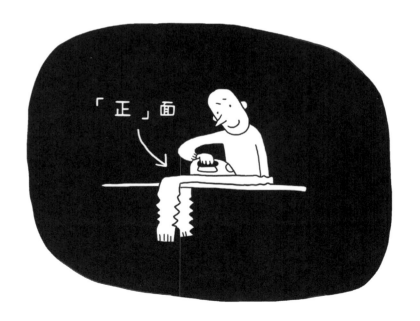

「正」面

② 把衣服翻面，燙平反面的皺褶
（因為步驟一而出現的皺褶）

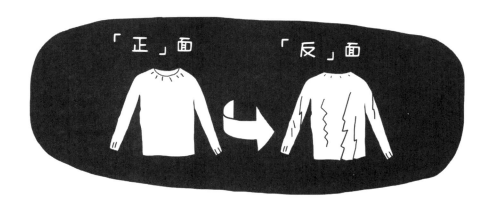

「正」面　　「反」面

③ 重複步驟一和二，好幾個小時。

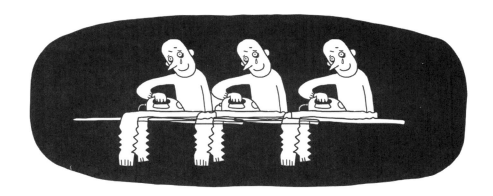

你永遠不可能得到全部。
也永遠不可能失去全部。

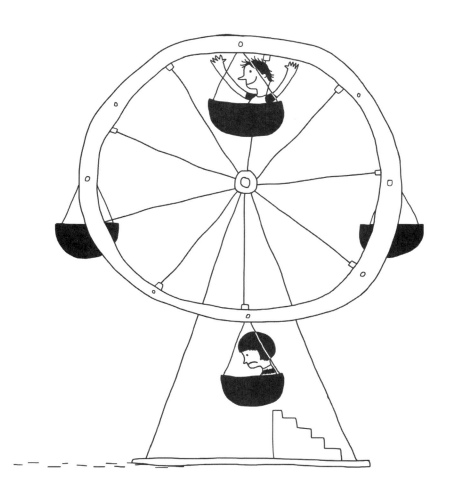

迷你短篇故事 #14

有一天，他的過往幽魂全回來了，
不過這一次，他邀他們一同品茶。

全劇終

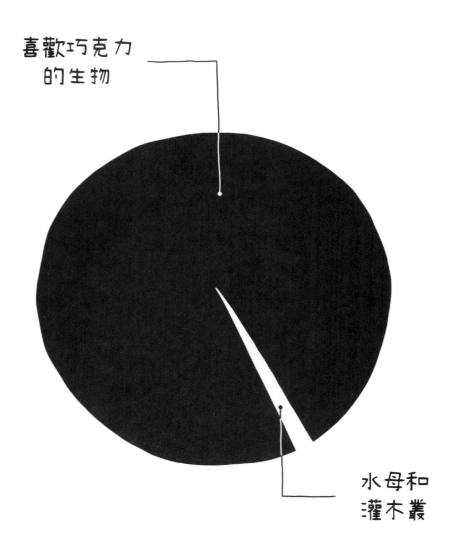

喜歡巧克力
的生物

水母和
灌木叢

史詩

我不懂怎麼有人說，
人生往上爬很辛苦。

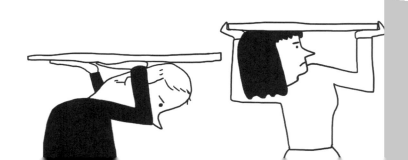

有一天，他腦袋裡的鳥兒，
帶著他飛向遠方。

全劇終

肯定

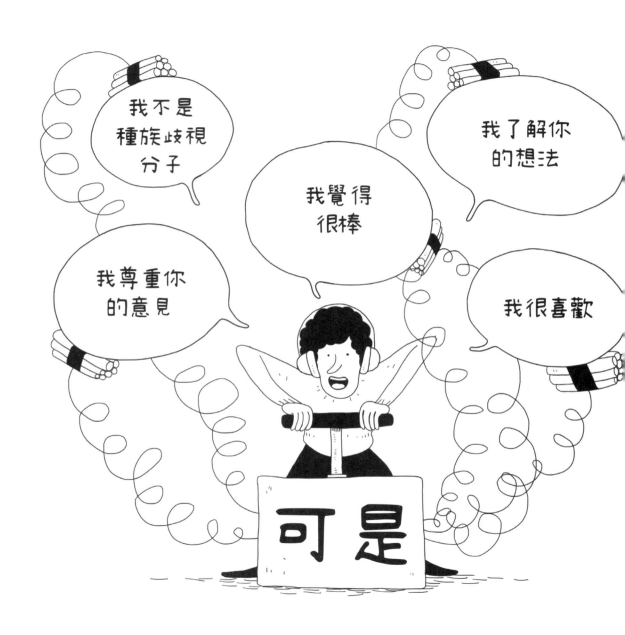

他們從相對無言到終能互相傾訴。

全劇終

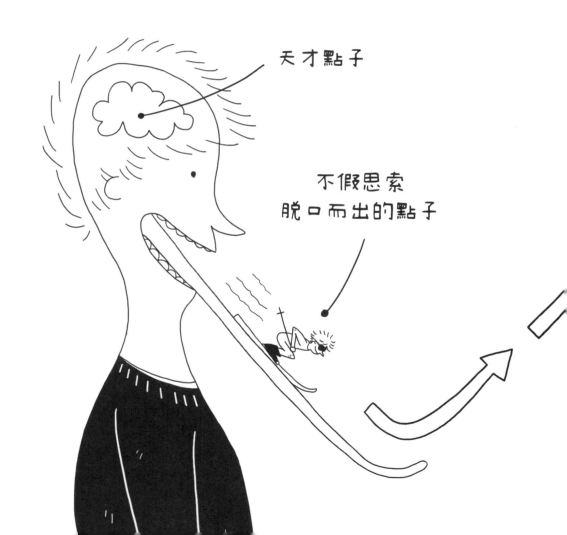

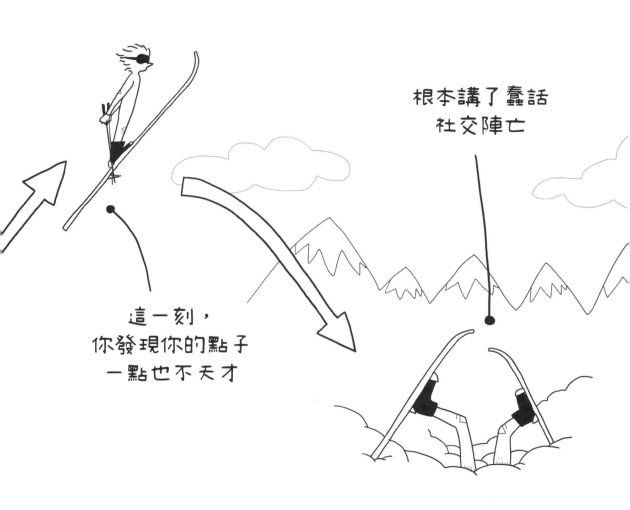

迷你短篇故事 #17

衣櫃裡的怪物怕黑，但從不敢說出來。

全劇終

有個人聽你說話真棒，
這個人專心聆聽、
善解人意，
而且哪裡都去不了。

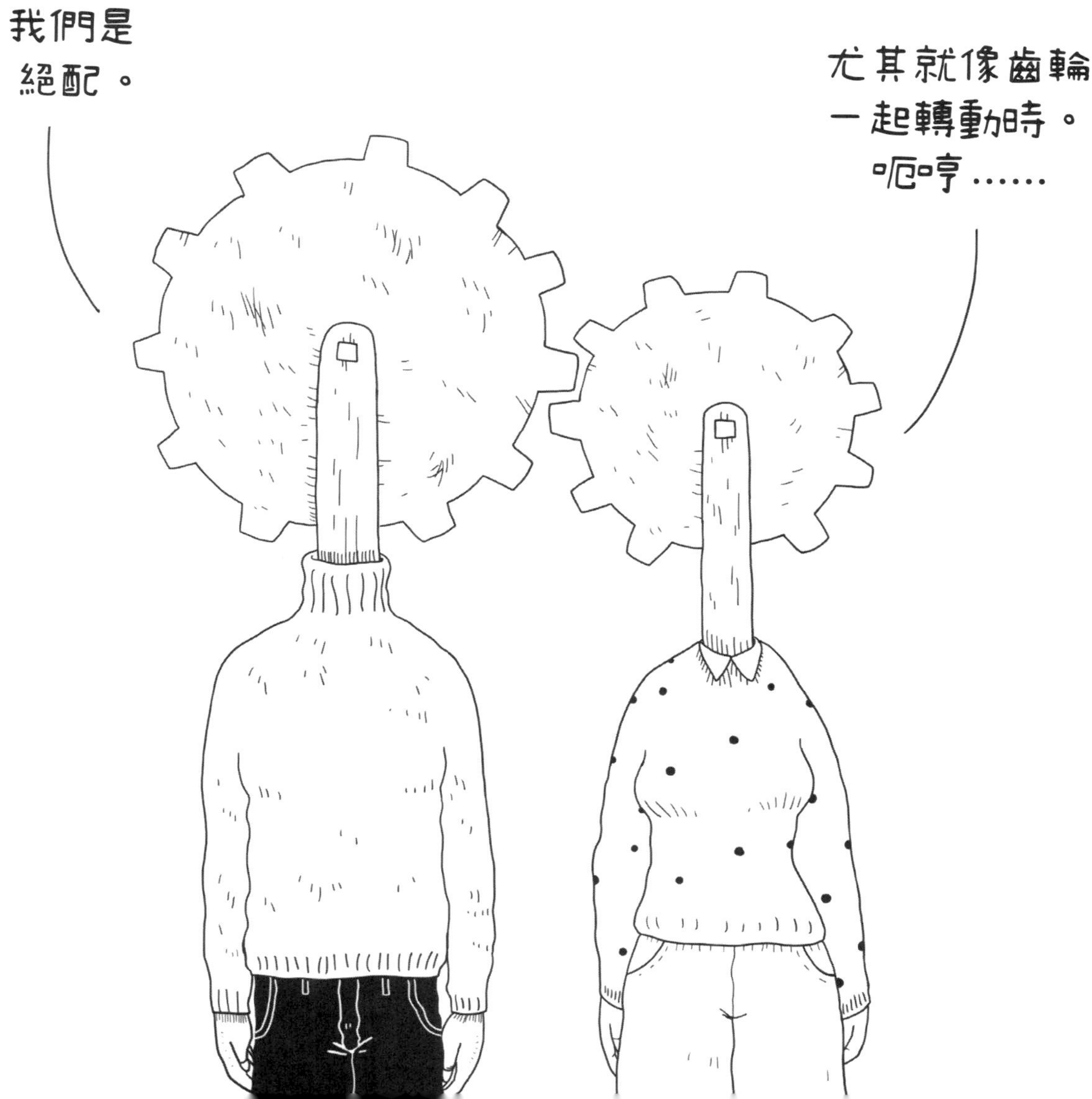
我們是
絕配。
尤其就像齒輪
一起轉動時。
呃哼……

動物園

他發現怪物是自己的倒影，
從此不再恐懼。

全劇終

不帶任何情結

很久很久以前，有個不想結婚的公主。

全劇終

那麼就
先這樣！

好，我們
再聊。

我們別再
聯絡。

這對我們
都好。

我們可以
當朋友。

好啊。

我們
永遠不可能
上床。

我心碎了。

真心話

插畫家？
好棒的工作！

 VS.

插畫家？那你在
哪兒工作？家樂福？

妳這張照片拍得真漂亮，
一點都不像妳！

VS.

妳活像個
洞穴半獸人。

妳如果不害怕，
會做什麼事？

我不怕。

他害怕極了，大聲吶喊：

「怪物！你打哪兒冒出來的？」

全劇終

愛情故事 #4

和你接吻就像騎腳踏車

（ 永難忘懷 ）

他疾步如飛，終於擺脫了回憶。

全劇終

成功之路

（但是慢如龜步）

好點子總是飛得
又高又遠。

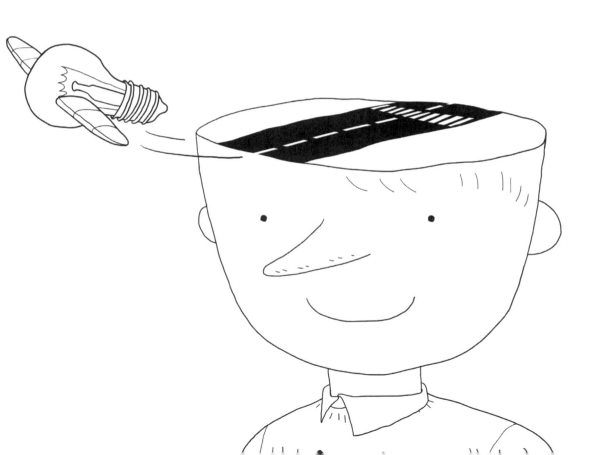

初次相遇的那抹笑，倒映在她的眼中。

全劇終

捕捉點子！

你沒用

你辦不到

你配不上

別人對我的批評

你辦不到

你配不上

你絕不可能成功

你配不上

你辦不到

你絕不可能成功

你絕不可能會成功

你沒用

你不可能會成功

別人對我的批評

你絕不可能成功

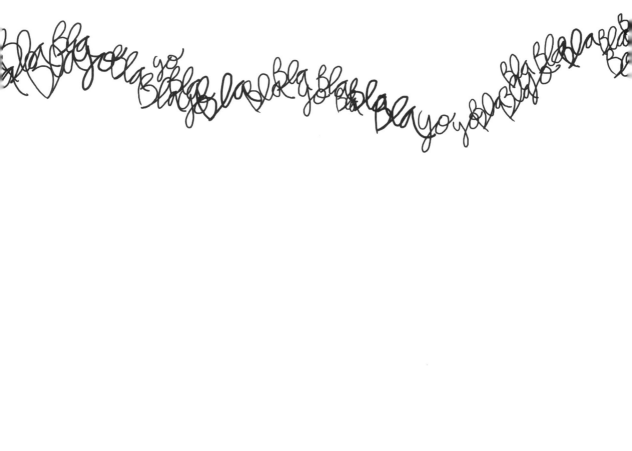

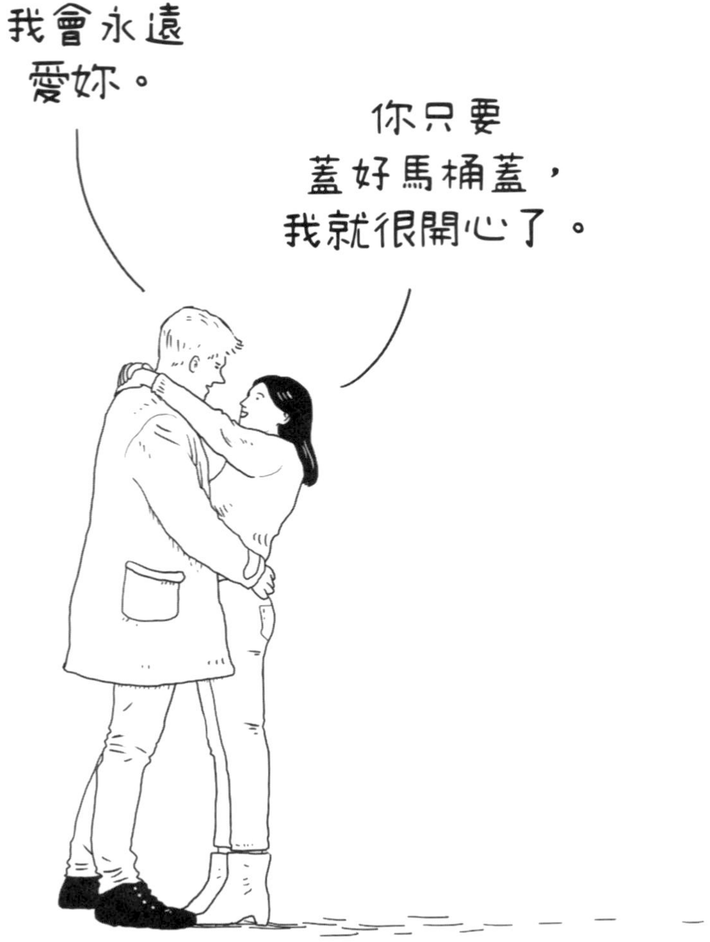
我會永遠愛妳。
你只要蓋好馬桶蓋，我就很開心了。

如果你向外找不到，
就往內尋找。

及時行樂

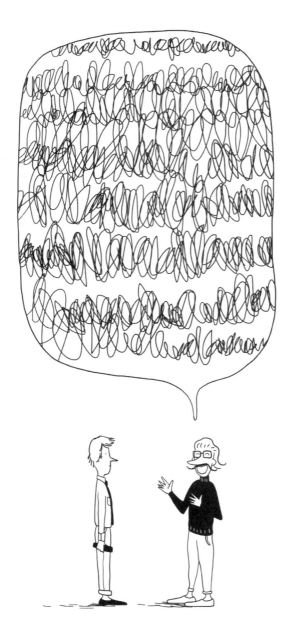

數位印象

迷你短篇故事 #23

降落傘員一直無法降落地面。

「這樣也好。」他自我調侃。

全劇終

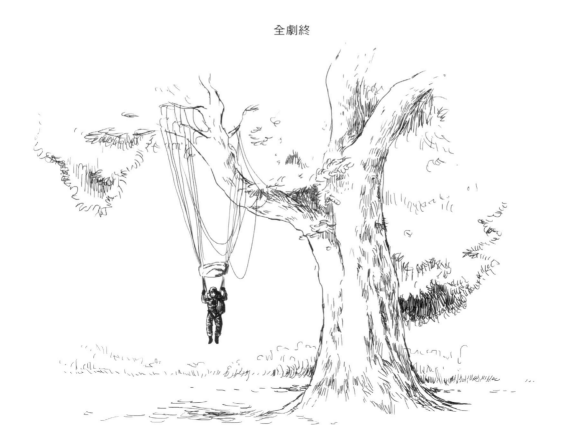

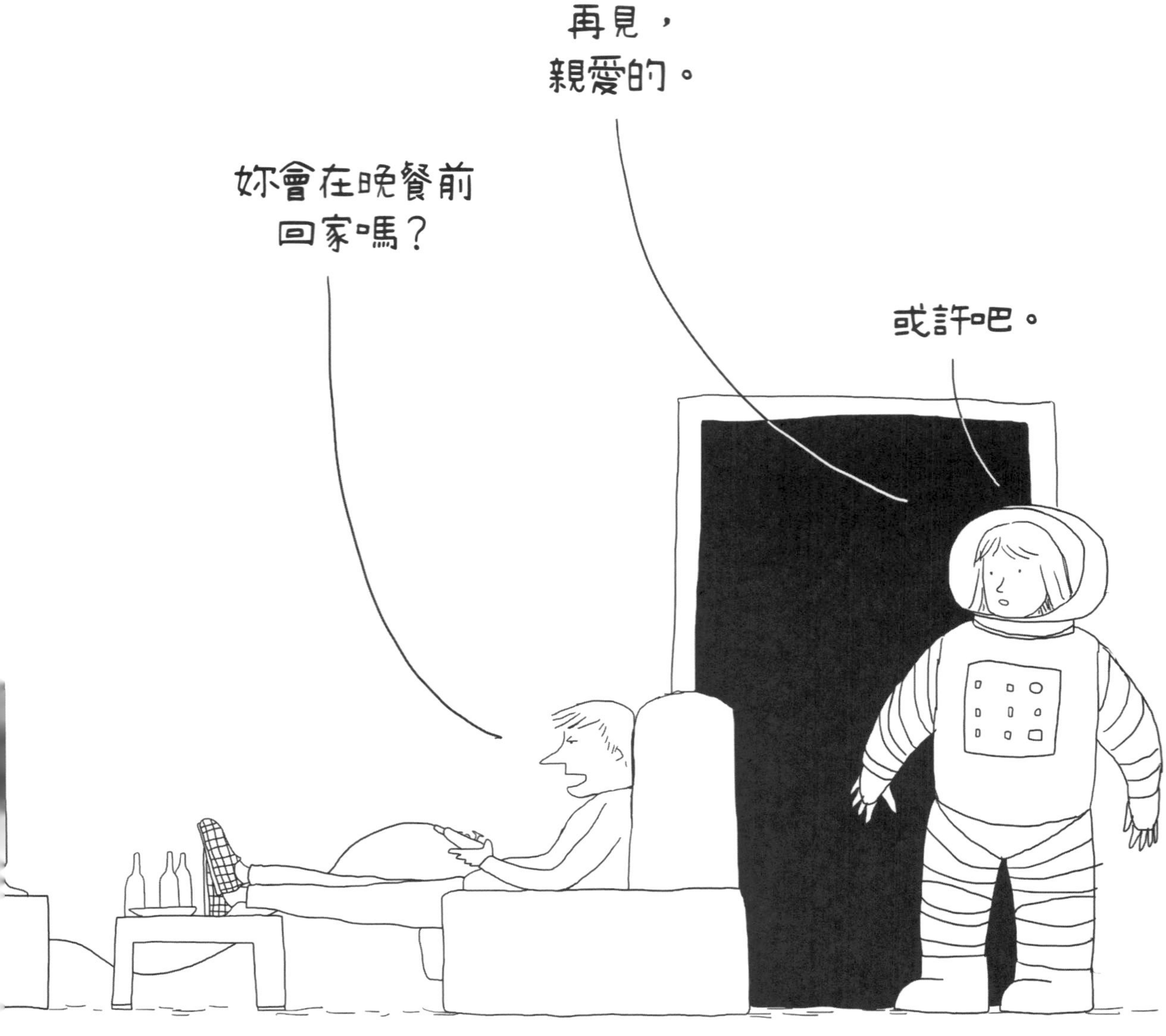
妳會在晚餐前回家嗎？
再見，親愛的。
或許吧。

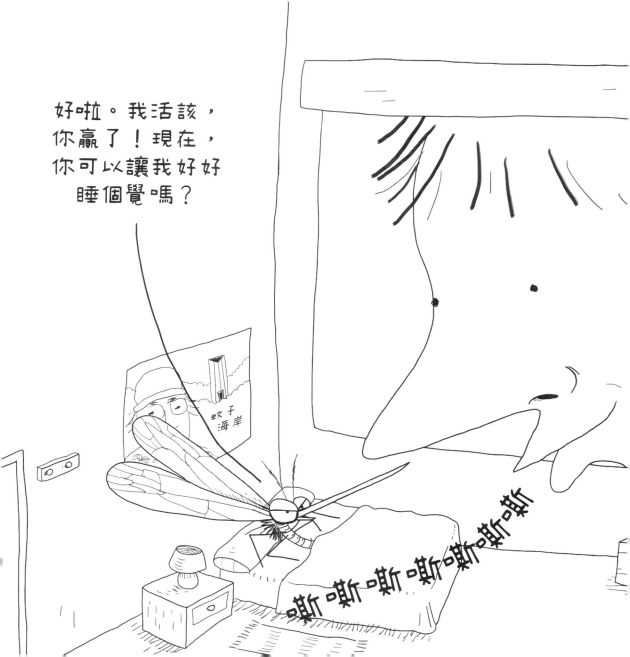

磨尖你的心智

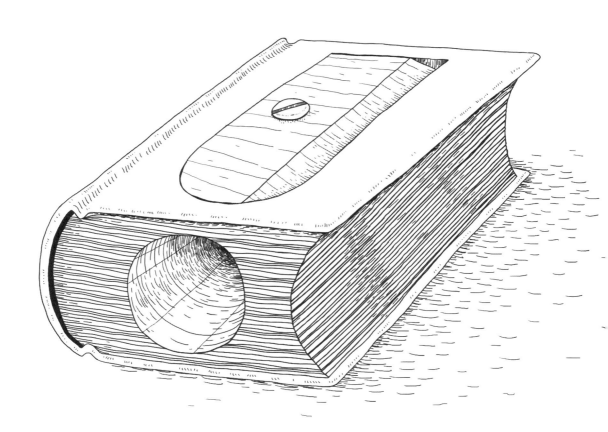

在萬物的盡頭，
一切無足輕重。

我是這個世界的
大混蛋主人!

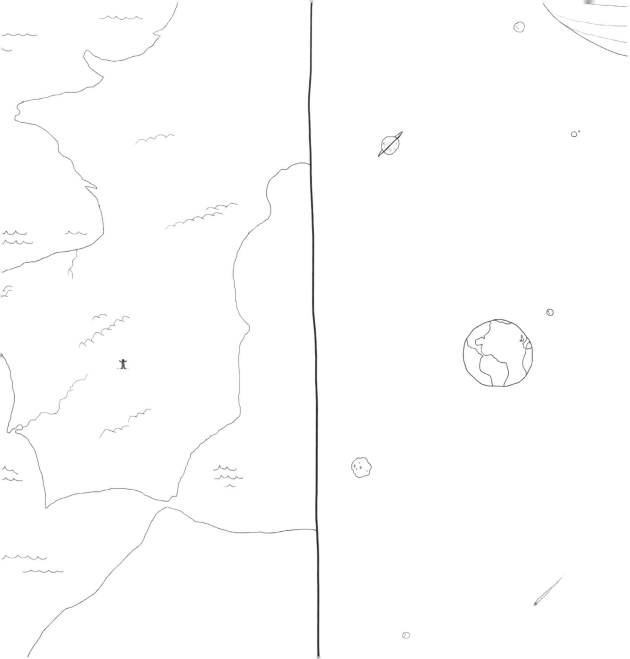

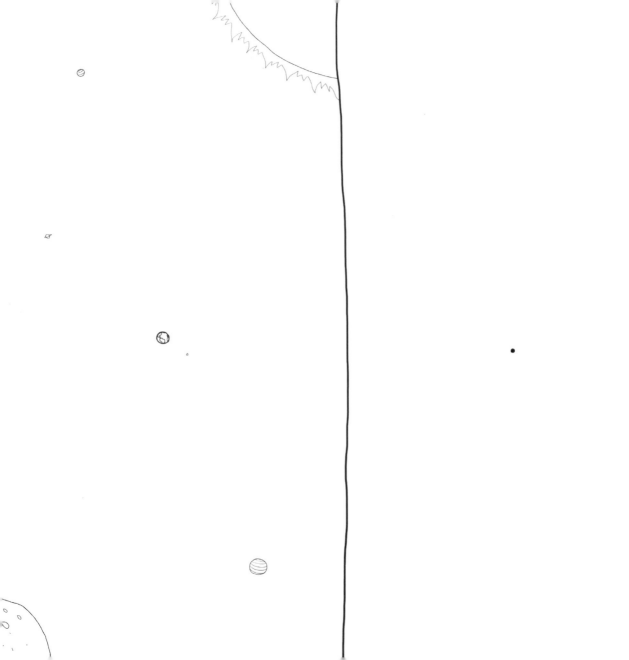

感謝各位，你們用不同方式幫助我創作這本書，實現了夢想：感謝我的家人，讓我從小就當個與眾不同的人；感謝露絲，以微笑相伴，即使我沒有笑點，依然笑靨如花；感謝阿爾瓦洛，你是我在世界上的最好朋友；最後，我要感謝H先生，他無心插柳，帶領我走到了這裡。

雷內・梅里諾　RENÉ MERINO, 2020.

想太多會讓畫失去生動的力量
—— 專訪西班牙插畫家雷內 · 梅里諾

【編按】
2024年3月，我們邀請了Openbook閱讀誌以信件專訪作者並發表在網路上，希望讓讀者得
以一窺，雷內腦中奇思妙想的小宇宙。這篇專訪中，收錄了他喜愛的作品、對插畫的熱愛。
而他回答中的幽默慧點，更蘊藏著他那值得再三咀嚼的哲理。

Q：請簡單介紹您自己。

梅里諾：我叫雷內 · 梅里諾（René Merino），馬德里人。因為我喜歡畫圖說故事，所以成了插畫家，不過
靠此謀生不易啊：）

Q：您的個人簡介曾提到自己的畫畫夢並未受到周遭環境鼓勵，您是如何堅持下來的？

梅里諾：我得承認說自己小時候因塗鴉受罰，有部分是誇大其辭，只是想表達得很卡通。但畫畫的確曾讓
我惹上麻煩，有幾次我在學校受罰，就是因為在課桌椅上亂畫，或上課畫圖分心。我母親也曾因為我在教
科書上塗鴉或隨手亂畫，向我責難。但平心而論，我的爸媽一直都是我最堅硬的後背，是他們鼓勵我繪
畫，支持我投入自己熱愛的事物之中。

Q：從小到大，有哪些藝術家和漫畫家影響了您？

梅里諾：我個人很喜愛阿根廷的四格漫畫家季諾（Quino）這類幽默的畫風。我認為季諾的視覺敘事效果，至
少在四格漫畫方面是無人能出其右的。另外，我也很愛看像法國的巴斯提昂 · 維衛斯（Bastien Vivès）與墨
必斯（Moebius），美國的比爾 · 華特森（Bill Watterson），以及西班牙的Jan與伊賓涅斯（Ibañez）等漫畫
家的作品。

不過，我的靈感其實來自很多不同的人，不僅有漫畫家，很大一部分也來自於電影、文學或音樂。像英國電影導演泰瑞‧吉連（Terry Gilliam），德國兒童文學作家麥克‧安迪（Michael Ende），或英國幽默劇團蒙提‧派森（Monty Python），以及我自己國家的雙人喜劇表演組Faemino y Cansado。

Q：您喜歡看什麼樣的書？

梅里諾：最近看比較多哲思方面的書，例如西班牙哲學家雷梅迪奧斯‧薩夫拉（Remedios Zafra）的作品，十分受用。但我讀得更多的是小說，像是《香水》（El Perfume）、《說不完的故事》（La historia interminable）與《大鼻子情聖》（Cyrano de Bergerac）（我承認，我平常很少在看這種戲劇類型的書）……等等，我都很愛。不過，講真的，這陣子在家帶小孩，根本沒有太多時間閱讀。哈哈哈……

Q：《那一天，憂鬱找上我》裡面的紅褲小男孩是故事很重要的轉變點，他對您來說代表什麼？

梅里諾：故事中的小男孩確實特別重要，不過關於如何理解，我不想多作說明。因為他的存在或許與我們每個人的底層情感、敏感核心有關，可能是我們深鎖在內心的某個能將我們帶回過去的東西。但是，我也很希望大家能憑直覺感受那個形象，並隨著故事讓情感自然流露。每個讀者肯定是不一樣的。

（2023年8月出版）

Q：您在IG上非常活躍，很好奇從IG到書本，您會因為載體的變化而做哪些編排上的思考嗎？

梅里諾：這本極短篇故事並沒有特定排序，不過在排版的要求上，主要偏向更符合美學標準、節奏與和諧。對我來說，要達到很圖像式的表達，最重要的部份是能在風趣或情緒之間做到良好的調節。基本上，我就是以此來編排整本書的架構。

（2024年3月出版）

Q：「我遇到船難。不要派人來。」「有一天，就這麼發生了。」「降落在加勒比海的雪花」這幾篇都充滿逗人會心一笑的幽默，請您分享這些插畫背後的靈感或契機。

梅里諾：我不太想自己畫了什麼，或有什麼理由這麼畫。我很喜歡跟著感覺走，過程中不太思考，因為覺得想太多會讓畫失去生動的力量。不過，若真的要回答這道題的話，關於那則沉船的小故事，我大概能回應的是，這與我天生孤獨傾向有關，我總從中感受到圓滿的詩意。

至於另外兩則小故事，我想要在對立中穿梭，操弄一些被視為不可能的想法。儘管困難重重，但終究世界總在另闢蹊徑。世界是有股力量的，那是宇宙偶然存有的洪荒之力，倏忽之間，在無人期待的瀝青路上，冒出了一株小樹。

Q：「有一天，所有無法成功的角色齊聚一堂，替最後成功的那個角色鼓掌。」好奇雷內畫這則的心境是什麼？

梅里諾：「不成功」（unsuccessful），這個字詞在西班牙語境上，指的是某事的挫敗，或沒有成就。儘管故事中的主角都未取得某個身分，但沒有半點批評的意思，那些有頭有臉的人物只是代表了自身最終不曾經歷過的人生旅途的模樣。不過，我的想法是：放下、理解與接受，這本身已是很大的成就了。

專訪內容線上看

文字工作者：李小孟　　翻譯：謝琬湞

本文發表於Openbook閱讀誌 2024-04-09人物專訪

Titan 156

這一天，也許會不一樣

作　者｜雷內・梅里諾（René Merino）
譯　者｜葉淑吟

出 版 者｜大田出版有限公司
台北市一〇四四五中山北路二段二十六巷二號二樓
E - m a i l｜titan@morningstar.com.tw　http://www.titan3.com.tw
編輯部專線｜(02) 2562-1383　傳真：(02) 2581-8761

總　編　輯｜莊培園
副 總 編 輯｜蔡鳳儀
執 行 編 輯｜鄭鈺澐
行 銷 編 輯｜張筠和
助 理 編 輯｜林潔映
校　　　對｜黃薇霓／葉淑吟
內 頁 美 術｜陳柔含

初　　　刷｜二〇二四年七月一日　定價：三八〇元

網 路 書 店｜http://www.morningstar.com.tw（晨星網路書店）
TEL：(04) 23595819　FAX：(04) 23595493
購書 Email｜service@morningstar.com.tw
郵 政 劃 撥｜15060393（知己圖書股份有限公司）
印　　　刷｜上好印刷股份有限公司
國 際 書 碼｜978-986-179-889-9　CIP：191.9/113005959

填回函雙重禮
① 立即送購書優惠券
② 抽獎小禮物

國家圖書館出版品預行編目資料

這一天，也許會不一樣／雷內・梅里諾
（René Merino）著；葉淑吟譯 . ——初版
——台北市：大田，2024.07
面；公分 . ——（Titan；156）

ISBN 978-986-179-889-9（平裝）

191.9　　　　　　　　113005959